DER ROTE WAL

EINE GESCHICHTE IN GROSSBUCHSTABEN

VON SARA QUAST

2. Ausgabe

ES WAR EINMAL

EIN ROTER WAL.

DER WAL WAR KLEIN UND ROT.

WARUM ER ROT WAR,

IST MIR NICHT KLAR.

ER WAR NUR KLEIN UND ROT.

DER WAL HIESS WALT.

ER WAR NICHT ALT.

ER WAR SEHR KLEIN UND ROT.

WALT WAR VOLLER ENERGIE.

ER WAR FAST IMMER MUNTER.

ER SCHWAMM SEHR VIEL

UND SPRANG SEHR HOCH,

DIE KÜSTE RAUF UND RUNTER.

SEINE MAMA WAR ROT.

SEIN PAPA WAR ROT

SIE HATTEN KEINE FREUNDE.

ANDERE WALE SIND

NUR GRAU.

BLAU UND GRAU

ODER GRAU IN GRAU.

ALLE WALE BLIEBEN WEIT

WEG VON DEN ROTEN WALEN.

ES WAR KEIN STREIT.

ANGST HIELT SIE WEIT

WEG VON DEN ROTEN WALEN

EINES TAGES KAM EIN BOOT.

DIE MÄNNER WOLLTEN JAGEN.

SIE WOLLTEN WAL,

NICHT NUR BLOSS AAL.

SIE WOLLTEN WALE FANGEN.

SIE FANDEN BALD

DIE WALE DA,

WO SIE JEDEN

SOMMER WAREN.

SIE HATTEN IHRE

HARPUNE AM BORD,

UM WALE GUT ZU FANGEN.

DIE BUCHT WAR ENG,

DIE MÄNNER STRENG.

SIE WOLLTEN WALE FANGEN.

DIE WALE HATTEN

SO VIEL ANGST,

SIE BLIEBEN BEI DEN ANGELN.

WER KAM DA AN?

ES WAR KLEIN WALT.

DER KLEINE, ROTE WAL.

ER SPRANG SEHR HOCH

NEBEN DEM BOOT.

DIE MÄNNER WURDEN NASS.

WALT WOLLTE NUN

DIE WALE RETTEN.

ER RISS DIE HARPUNE WEG

VON DEN MÄNNERN.

DIE MÄNNER DACHTEN

ER WAR EIN TEUFEL.

JA, SIE HATTEN ANGST.

„SIEH DA, EIN TEUFEL!"

„EIN TEUFEL, HALT!"

ES WAR KEIN TEUFEL,

ES WAR NUR WALT.

WALT BEWEGTE SEINE

ROTE FLOSSE.

WASSER SPRITZTE

AUF DIE MÄNNER.

ALLE WALE HALFEN MIT.

DIE MÄNNER WAREN NASS.

DIE MÄNNER BEKAMEN

EINEN SCHRECK.

SIE SEGELTEN GLEICH WEG.

DIE WALE WAREN FROH.

DER ROTE WAL WAR

AUCH SEHR FROH.

ER LACHTE: „HO, HO, HO!"

ER WAR DER HELD,

UND SPRANG WIE EIN FLOH.

DIE MÄNNER WAREN WEG.

DIE WALE SPRANGEN

ALLE HOCH.

SIE WAREN ALLE FROH.

ER FAND ES NETT

EIN HELD ZU SEIN.

SEINE MAMA SPRACH IHN AN.

SIE SAGTE:

„GUT GETAN MEIN SOHN !

ABER EINS RATE ICH DIR:

WIR LEBEN BESSER

WEIT ENTFERNT

IM TIEFEN, BLAUEN MEER."

SO KAMEN ALLE WALE MIT,

WEIT HINAUS INS MEER.

DAS ENDE

Für Eltern:

Der abgebildete Walart heißt Kleine Schwertwal (Pseudorca Crassidens). In der Natur ist er allerdings nicht rot.

Viel Spaß!

Impressum:

Bibliografische Information der Deutschen Nationalbibliothek:
Die Deutsche Nationalbibliothek verzeichnet diese Publikation in der
Deutschen Nationalbibliografie; detaillierte bibliografische Daten sind
im Internet über dnb.dnb.de abrufbar.

Copyright
© 2016 Sara Quast

Herstellung und Verlag: BoD – Books on Demand, Norderstedt

ISBN: 9783741294556